LA PREMIÈRE

DE L'ALGÉRIE

PAR

Mlle A. PUÉJAC

SAGE-FEMME DE 1re CLASSE

ANCIEN CHEF DE CLINIQUE DE LA MATERNITÉ DE PARIS, COURS D'ACCOUCHEMENTS D'ALGER, COLLABORATEUR DE *École de l'Algérie*.

MÉMOIRE COURONNÉ (MÉDAILLE D'ARGENT) PAR LA SOCIÉTÉ D'ALGER.

ALGER
IMPRIMERIE BOUYER, RUE CHARLES-QUINT

1863

MÉMOIRE

SUR

L'HYGIÈNE DE LA PREMIÈRE ENFANCE

EN ALGÉRIE

MÉMOIRE

SUR

L'HYGIÈNE DE LA PREMIÈRE ENFANCE

EN ALGÉRIE

PAR

Mlle A. PUÉJAC

SAGE-FEMME DE 1re CLASSE

ANCIEN CHEF DE CLINIQUE DE LA MATERNITÉ DE PARIS, PROFESSEUR DU COURS D'ACCOUCHEMENTS D'ALGER, COLLABORATEUR DE LA *Gazette Médicale de l'Algérie.*

MÉMOIRE COURONNÉ (MÉDAILLE D'ARGENT) PAR LA SOCIÉTÉ DE MÉDECINE D'ALGER.

ALGER

IMPRIMERIE BOUYER, RUE CHARLES-QUINT, 5.

1863

A M. LE Dr DANYAU

Membre de l'Académie impériale de Médecine,
Professeur et Chirurgien en chef de l'hospice de la Maternité
de Paris.

Hommage de Reconnaissance,

A. Puéjac,

Déterminer la proportion réelle de la mortalité qui pèse en Algérie sur les enfants nouveaux-nés, étudier les causes de cette mortalité, exposer les moyens les plus propres à la combattre ; — tel est, sans contredit, un des problèmes les plus intéressants pour la colonie, menacée dans ses plus précieux éléments d'accroissement et de prospérité. Il est donc du devoir de tout praticien de fournir à cette œuvre de haute portée humanitaire et d'économie politique la part de ses méditations et de son expérience.

Plusieurs médecins ont déjà étudié le même sujet. — Peut-être ont-ils trop restreint le champ de leur observation en la fixant sur l'enfant seulement. Nos maîtres ne nous disent-ils pas que, pour bien faire l'étiologie d'une affection quelconque, il faut étudier les causes qui ont pu en déterminer l'explosion en remontant dans le passé de l'individu qui en est atteint jusqu'à son origine, en tenant bon compte des influences de toute espèce qui ont pu l'assiéger ? — N'est-ce pas faute d'inductions précises sur l'intervention de ces modificateurs que la prophylaxie est demeurée nulle ou à peu près jusqu'à ce jour, et que les statistiques, comme nous le verrons tout-à-l'heure, accusent toujours les mêmes influences néfastes ? C'est à propos de l'enfant nouveaux-né surtout qu'il est urgent de faire attentivement l'enquête dont je viens de parler.

Le principe vital qu'il reçoit, les modificateurs primordiaux qui président à sa formation ont, physiologiquement parlant, une grande valeur. Aussi, après avoir établi numériquement et fait la proportion de la mortalité infantile en Algérie, me proposé-je d'étudier l'idiosyncrasie des nouveaux-nés en général, et de rappeler ensuite ce qui a été dit sur la valeur hygiénique de notre climat. Les travaux importants de M. le docteur A. Bertherand, de MM. Martin et Foley et d'autres bons observateurs, ont facilité cette étude. Je suis heureuse de me trouver d'accord avec tous, quant à l'appréciation de l'influence climatologique sur les grands appareils de l'économie. De ces études préliminaires, je déduirai plus facilement, j'espère, les raisons de la mortalité des enfants de l'Algérie et les moyens hygiéniques les plus propres à la prévenir ; car je crois, avec le docteur Delpech (thèse de Paris, 1861), que la thérapeutique la plus efficace de l'enfance est dans l'hygiène sagement appliquée.

Voici pendant cinq années les naissances et les décès relatifs aux enfants depuis 0 jour jusqu'à un an (non compris les morts-nés).

TABLEAU *indiquant les naissances des enfants créoles et immigrés et les décès depuis 0 jour jusqu'à 1 an, pendant les années 1856, 1857, 1858, 1859, 1860.*

ANNÉES	NAISSANCES	DÉCÈS	OBSERVATIONS
1856	1.117	217	En cherchant la moyenne de la mortalité, on trouve qu'elle est de 1 sur 5, abstraction faite des fractions. Le chiffre élevé de la mortalité de l'année 1858 est dû à une épidémie de bronchite et de diarrhée, comme le prouvent les statistiques de la *Gazette médicale de l'Algérie*.
1857	1.167	206	
1858	346	213	
1859	1.244	357	
1860	1.103	276	
TOTAUX.....	4.978	1.259	

Je ne me suis pas occupée des indigènes; je suis persuadée que, dans leurs mœurs et leurs habitudes, des causes autres que celles que je relaterai pèsent considérablement; je ne suis pas en mesure de discuter leur valeur.

Le chiffre de la mortalité infantile est sans doute très-élevé, et pourtant une amélioration notable s'est opérée depuis plusieurs années. En examinant les statistiques de MM. Martin et Foley, voici ce qu'on voit :

« Il est né à Alger, depuis 1831 jusqu'à 1847 inclus, 10,173 enfants créoles; la mortalité en a enlevé, dans cette même période de temps, 3,507, sans les morts-nés; il reste donc, au bout de 17 ans, 6,666 enfants créoles, ou 656 sur 1,000, c'est-à-dire les deux tiers. A Paris, en prenant les mêmes bases de calcul, il en reste les trois quarts. Sur ces 3,507 décès, la période de six mois à deux ans révolus compte à elle seule 1,533 décès, c'est-à-dire presque la moitié. » (*De l'acclimatement et de la colonisation en Algérie*, p. 26 et 27.)

Il est évident qu'à l'époque de l'installation d'une nouvelle législation en Algérie, il devait régner dans la population des préoccupations morales et des privations physiques déterminant l'affaiblissement constitutionnel des familles, et augmentant les difficultés de l'éducation du premier âge.

L'industrie et le commerce, à peine à leur

aurore, n'offraient que de médiocres ressources aux immigrés ; il leur était impossible de se créer un milieu identique à celui qu'ils quittaient, et la révolution, opérée par cette brusque transition, les rendait peu propres à donner à leur progéniture de grandes garanties vitales. La misère, voilà le plus grand ennemi de la vie humaine.

« L'état le plus favorable pour une population, est celui qui assure la satisfaction de ses besoins réels, sans l'entraîner hors des limites de la tempérance. » (Michel Lévy, *Traité d'hygiène*, p. 834, 2ᵉ vol.)

Mais actuellement, qu'une ère nouvelle a fait disparaître toutes les pierres d'achoppement que rencontrent toujours les premières tentatives d'une colonisation, il nous appartient d'examiner de plus près les causes hostiles au progrès de la population. Je descendrai à des détails d'un ordre moins général, et peut-être serai-je assez heureuse pour indiquer à des praticiens plus instruits et plus expérimentés que moi la porte d'entrée de l'ennemi commun. A eux d'apprécier la valeur de mes efforts et d'en tirer les conséquences pratiques qu'ils jugeront à propos.

DE L'ENFANT NOUVEAU-NÉ.

> L'homme est jeté sur la terre nu
> et sans défense.

Qui contestera cet énergique axiome biblique ? De toutes les espèces animales, l'espèce humaine n'est-elle pas la plus misérable à son origine ? « De tous les êtres qui se meuvent sur la terre, il n'en est pas de plus misérable que l'homme ! » (Homère, *Iliade*.) Est-ce bien ce qui doit être un homme que ce petit être si faible, aux vagissements si douloureux, aux membres si chétifs, aux mouvements si bornés, à la peau si tendre et si fine, aux instincts si nuls, et chez lequel de si grands changements viennent de s'opérer ? On pourrait se demander de prime-saut, si la nature n'est pas une marâtre pour la plus noble de ses créatures ; — non, mais elle a compté sur la sollicitude et la tendresse maternelles, sur les lumières et le dévouement de ceux qui ont consacré leur vie aux besoins de celle de leurs semblables ; elle a voulu établir le premier jalon de la famille et de la société, en plaçant comme *sine qua non* de l'existence, des services à rendre et des sentiments reconnaissants à faire naître.

A sa naissance, l'enfant est incomplet; sa vitalité, pour lutter avantageusement contre le milieu qui l'entoure, a besoin de grands auxiliaires ; sa vie doit non-seulement s'entretenir, mais il est indispensable d'augmenter son énergie, et de donner à chaque appareil fonctionnel les éléments harmoniques et progressifs nécessaires à leur fonctionnement. C'est ici le moment d'analyser le rôle qu'a joué la nature vis-à-vis de lui, de se souvenir que, placé dans l'utérus, entouré et protégé par le liquide amniotique, jouissant d'une température modérément basse, n'ayant besoin d'aucun effort pour s'alimenter, il est urgent de rendre la transition aussi douce que faire se pourra.

De ces considérations découlent les méthodes à employer pour l'habillement et la première alimentation. — Plus loin je reviendrai sur ce sujet.

CLIMATOLOGIE.

Puisque nous connaissons l'enfant, étudions maintenant les influences particulières qui, dans notre colonie, doivent peser dans une certaine mesure sur son développement. Il en est une qui le domine même avant sa naissance : je veux parler du climat.

Ce dernier est essentiellement débilitant. Sa température, en activant la circulation et en augmentant les déperditions organiques, diminue l'élément nutritif du fluide nourricier. Cette modification, a dit le docteur Kolb, dans son *Étude sur l'hygiène de l'Algérie* (p. 87), peut aller jusqu'à cet état que quelques auteurs ont appelé *anémie des pays chauds*. Chez un grand nombre de femmes, surtout chez les dernières émigrées, cette anémie dégénère en chlorose : la fréquence des pertes utérines avant, pendant et après l'accouchement, vient à l'appui de cette assertion.

INFLUENCES DE LA GESTATION.

La grossesse détermine, même chez la femme qui se trouve dans d'excellentes conditions, tous les symptômes primordiaux d'un notable changement dans la composition du sang.

D'après MM. Becquerel et Rodier, le chiffre normal des globules chez la femme est de 125 en moyenne sur 1,000 parties de sang, et chez la femme enceinte cette moyenne diminue de 95 à 120. Chez elle, l'eau est augmentée ; elle est en moyenne de 801,6 ; en état de vacuité, cette moyenne est de 791,1.

Au reste, on peut consulter les beaux travaux de MM. Andral et Gavarret, et l'intéressante thèse de M. Regnault, contenant un tableau des plus concluants en faveur de cette opinion, et que M. Cazeaux a rapporté en entier dans son *Traité d'accouchement*, p. 278.

Il est donc bien prouvé que l'enfant reçoit la vie d'un être anormalement affaibli, et que ses premières aspirations absorbent un air ne possédant qu'imparfaitement les qualités utiles à son accroissement. Voici donc deux causes de son dépérissement. — Parlons maintenant de son alimentation.

Cette dernière présente de graves lacunes. Tout à l'heure j'ai parlé des mauvaises conditions de la femme enceinte; elles existent et même sont augmentées chez la femme qui nourrit. Un grand nombre d'elles, affaiblies par le travail de l'accouchement et ses suites, ont encore leurs règles pendant la durée de l'allaitement. Les mamelles ne fournissent alors qu'un lait clair et bleuâtre où l'eau se trouve notablement augmentée. — J'ai lu dans un *Dictionnaire de médecine* (Nystain) une opinion diamétralement opposée à la mienne ; au mot *Lait*, la phrase suivante m'a bien surprise : « Loin d'être plus séreux, sous l'influence de la menstruation, le lait devient plus riche en éléments nutritifs. » Le peu d'expérience que je possède ne me permet pas de repousser comme erronée une semblable proposition ; pourtant, d'après mes observations, je dois croire avec M. Jacquemier (p. 810, 2ᵉ vol. de son *Traité d'accouchement*) que « le flux cataménial rend les mamelles plus affaiblies et le lait moins abondant et moins crémeux. » Au reste, la saine physiologie nous apprend que là où une sécrétion s'établit, il en est qui doivent diminuer ou disparaître.

L'économie, épuisée par toutes les causes que je viens d'énoncer, ne tarde pas à se montrer rebelle à la nouvelle fonction qu'on en réclame ; l'allaitement s'accomplit très-imparfaitement, et pour suppléer à son impuissance, on condamne l'enfant à prendre une autre alimentation : à deux ou trois mois, on lui donne des panades, des potages, des bouillies mal cuites, et autres substances toutes en désaccord avec son appareil digestif. Aussi un grand nombre de perturbations ne tardent pas à se succéder, le muguet, les vomissements, la diarrhée, et surtout la gastro-entérite si pernicieuse dans notre climat. De plus, nous savons qu'une mauvaise alimentation est une des principales causes de toutes les affections morbides.

Fréquemment il arrive que la grossesse vient suspendre l'allaitement; on sait que les climats chauds prédisposent les femmes à une plus grande fécondité. On sèvre le nourrisson bien plus tôt qu'il ne faudrait, et les inconvénients que je viens de signaler se manifestent plus énergiquement encore.

Enfin, si cet état de faiblesse dont j'ai parlé se trouve exagéré chez la mère, et ce fait se produit fréquemment, l'enfant est mis en nourrice. — Ici commence pour lui une série de maux de tous genres, et sur lesquels je désire vivement appeler l'attention publique.

Pour bien apprécier les femmes qui se chargent des nourrissons, il est bon de les examiner par groupes :

1° LES FRANÇAISES. — Presque toutes sont indigentes; elles se nourrissent mal, et cela se comprend dans une localité où les viandes sont d'un prix élevé, comparativement aux légumes si variés et si abondants sur notre territoire. — Je fais une exception pour celles qui habitent avec la famille de l'enfant ; mais il n'y a que les familles riches ou fort aisées qui puissent se permettre les nourrices à demeure. Celles qui habitent la ville sont logées dans des quartiers populeux et malsains, où l'air ne se renouvelle pas; la lumière y pénètre à peine ; aussi les ophthalmies, les éruptions cutanées y sont-elles fréquentes.

2° LES ESPAGNOLES. — Le manque du confort existe encore chez ces dernières, et souvent il est exagéré, car généralement ces femmes ont une nombreuse famille ; plusieurs d'entre elles présentent tous les indices d'une constitution épuisée. Elles ont peu de lait, et quelquefois en manquent tout à fait, ce qui ne les empêche pas de se charger de deux nourrissons auxquels elles donnent une alimentation des plus malsaines. Elles sont malpropres ; aussi la gourme, l'impétigo, l'intertrigo, l'érythème, toutes ces affections du système cutané sont le résultat de leur incurie.

3° LES INDIGÈNES (Bédouines et Mauresques).—

Celles-ci, en raison de leurs habitudes et des préjugés qu'elles ont, sont pires encore. Inintelligentes, cupides et paresseuses, elles n'hésitent pas à imposer à l'enfant qu'on leur confie les plus dures privations, les plus insalubres nourritures, les plus dangereuses médications. J'en ai vu deux donnant du kiff à un nouveau-né pour l'empêcher de troubler leur sommeil, et pour lui faire acquérir cet œdème du tissu cellulaire capable d'en imposer à des parents ignorants. On sait que leur nourriture est peu substantielle, à part le couscous, qui en sa qualité de féculent doit être très-salutaire à l'excrétion mammaire ; elles absorbent des condiments excessivement épicés, des fruits et des légumes presque tous débilitants.

Disons encore que l'ignorance ou de stupides préjugés entravent la propagation de la vaccine, et malgré la sollicitude de l'autorité supérieure et le zèle des préposés à cette mesure, bon nombre d'enfants périssent de la petite vérole.

Telles sont, si mes appréciations sont justes, les conditions hygiéniques de la formation, de la naissance et du développement des enfants de notre colonie. Si un si petit nombre résiste à toutes ces influences, on ne doit pas s'en étonner, et ceux pour lesquels un si beau phénomène se produit doivent avoir été protégés par des circonstances exceptionnelles. Si je me suis abstenue de parler des influences paludéennes, c'est que je crois avec le docteur Delpech, que j'ai déjà cité, qu'elles n'attaquent que rarement les nouveaux-nés; pourtant cette influence leur est fort préjudiciable quand elle choisit ses victimes parmi les femmes enceintes ou celles qui nourrissent. Mais entrer dans toutes ces considérations serait, je présume, m'éloigner de la question.

Voici maintenant esquissé ce que je crois être les causes de la mortalité des enfants à la mamelle; on comprendra sans peine que pour les combattre je dois indiquer certains préceptes concernant la mère, l'enfant et la nourrice. Chez la première, il faut remédier à l'influence climatérique, arrêter les écoulements sanguins et lui indiquer les précautions utiles à la marche de la grossesse, à l'accouchement et aux suites de couches; chez l'enfant, rappeler ce qui a été si souvent écrit sur son hygiène, attaquer les routines absurdes en pleine vigueur dans l'immense majorité des familles; enfin, chez les nourrices, le molimen hémorrhagique fixera notre attention, et nos efforts tendront à donner à l'économie la somme d'énergie voulue pour contrebalancer les déperditions organiques.

Dès qu'une femme a conçu, une nourriture ayant pour base les aliments les plus nutritifs lui sera conseillée, ainsi que les demi-bains, en hiver, à une douce température, et les bains de mer en été; pour la protéger contre les brusques transitions de notre température, l'usage de la flanelle lui sera imposée. Le vin de quinquina et les ferrugineux feront partie de ce régime. Si des écoulements sanguins se produisent, ils seront combattus par le repos, des lotions froides aux parties génitales, des boissons acidulées, une grande réserve, ou même la cessation des rapprochements sexuels. — Le système nerveux, si impressionnable à cette époque de la vie de la femme, sera mis à l'abri de toute impression fâcheuse. A moins d'indication trop formelle, les saignées ne devront jamais être pratiquées (1). Grâce aux progrès qu'a faits la thérapeutique, dans ces derniers temps, nous savons que l'usage des émissions sanguines se restreint de plus en plus (2). En tocologie cet usage disparaît complètement, et en Algérie, où tant d'agents concourent à l'affaiblissement de l'organisme, cette pratique doit être abandonnée.

Avant de parler de l'enfant, disons quelques mots sur la femme en couche et la nourrice.

Une demi-diète sera imposée à l'accouchée pendant les quatre premiers jours de son accouchement, afin de permettre à la sécrétion laiteuse de s'établir sans danger ; — ensuite elle suivra le

---

(1) Voir un article donné par moi à la *Gazette médicale de l'Algérie*, n° 3, p. 37, année 1862.

(2) Lire les intéressants articles de thérapeutique générale du Dr Tisseire. *Gazette médicale de l'Algérie*, n°s 8, 9 et 10, année 1861.

même régime prescrit pendant la grossesse. Si le flux mensuel s'établit, des lotions d'eau froide, des injections au perchlorure de fer faites à intervalles plus ou moins rapprochés, selon la gravité des cas, le combattront.

Me voici arrivée au sujet principal de mon travail. Qu'on me pardonne si je répète ce que d'autres observateurs ont dit avant moi. L'éducation physique de l'enfant nouveau-né a été traitée bien souvent par d'excellents écrivains, et pourtant les préceptes qu'ils ont donnés sont loin d'avoir reçu une générale et intelligente application ; c'est pour ce motif que je rappellerai succinctement, au risque de passer pour plagiaire, ce qu'ils ont dit il y a longtemps. — Je m'étendrai davantage sur les particularités hygiéniques que contient notre colonie.

Habillement. — Je ne m'arrêterai pas aux premiers soins du nouveau-né. La ligature du cordon, l'expulsion des mucosités obstruant les voies respiratoires, l'enlèvement de l'enduit sébacé etc.; toutes ces choses sont faites par les sages-femmes, ou par des garde-malades, sous les yeux d'une personne de l'art. Pourtant le premier vêtement qu'on lui donne, et qui doit être celui des premiers mois qui suivent sa naissance, présente une grande imperfection : c'est l'usage presque général du maillot, cette bande de toile de 8 ou 10 centimètres de largeur sur 1 mètre 1/2 de longueur, et avec laquelle on fait plusieurs circulaires sur la poitrine et l'abdomen de l'enfant, dans le but de maintenir, disent quelques personnes, les langes qui le couvrent. D'autres prétendent que c'est pour soutenir les reins ; il est plus rationnel de penser que c'est pour en faire un petit paquet facile à manier et à transporter de bras à bras.

L'éloquence acerbe du philosophe génevois aurait ici matière à critique. Au reste, tous les amis de l'humanité et de la science ont condamné cet usage.

Le maillot, inventé par nos pères, alors que les exigences d'une vie nomade leur imposaient de fréquents campements à eux et à leur famille, n'a plus sa raison d'être dans une société où la sécurité la plus complète est un fait assuré.

Nous savons que l'enfant, par le fait de son changement de milieu, vient de subir de grandes modifications et a besoin que tout ce qui peut faciliter le jeu encore inhabile de ses organes soit rigoureusement respecté ; la contraction des muscles expirateurs, la dilatation des poumons, les mouvements d'élévation et d'abaissement du diaphragme, etc., etc., tous ces phénomènes exigent une complète liberté.

Voici comment on habille le nouveau-né à la Maternité de Paris. Je recommande cette méthode aux mères et aux nourrices.

1° Une pièce de toile fine, ou à moitié usée, qui

entoure la partie inférieure de la poitrine et l'abdomen, et que l'on a soin d'interposer entre les jambes et les cuisses de l'enfant (on l'appelle couche).

2° Une pièce de coton épaisse, qu'on nomme drapeau ou lange, entourant simplement la poitrine et le tronc, et dont la partie inférieure est repliée sous le siége.

3° Une pièce de laine épaisse ou bien de flanelle, appelée piquet, faisant une fois et demie le tour du tronc dont la longueur dépasse d'un tiers à peu près la longueur du drapeau. On relève son extrémité inférieure, on la déploie, et on en recouvre encore le tronc et les membres inférieurs ; on fait attention à ce que ces derniers puissent avoir une certaine liberté. Les deux chefs inférieurs du piquet sont pourvus de cordons à l'aide desquels on assujétit tout cet appareil. Les bras et la partie supérieure de la poitrine sont protégés par une petite chemise et une brassière. La tête est munie d'un ou de deux bonnets, selon la saison.

De cette manière l'habillement est plus prompt, ce qui est important au point de vue de la calorification que peut perdre le nouveau-né ; il est plus facile, et par conséquent peut être plus souvent renouvelé, avantage incontestable au point de vue de la propreté.

En Angleterre et en Amérique, on met l'enfant dans une longue robe de flanelle, avec une serviette doublée en triangle, dont les deux chefs supérieurs entourent le pelvis et les jambes, et le chef inférieur est ramené d'arrière en avant, maintenant les cuisses isolées et recevant seul les déjections échappées de l'anus et du méat urinaire. En Russie, on l'enveloppe simplement dans une espèce de sac où il peut se mouvoir à son aise. — Tous ces procédés sont préférables à ceux que l'usage a consacrés en Algérie.

DU SOMMEIL ET DU COUCHER DE L'ENFANT.

L'existence chez le nouveau-né se résume en ces deux mots : *teter et dormir* (Alfred Plu, thèse de Paris, 1861).

Le sommeil est un de ses plus grands besoins ; aussi faut-il le lui permettre autant qu'il l'exige. Dans son berceau il ne sera que modérément couvert ; souvent j'ai vu des vésicules sudorales se manifester à la suite d'un long repos sous des couvertures trop épaisses. La chambre où sera placé le berceau sera spacieuse ; l'air devra en être facilement renouvelé ; la lumière en sera modérée et toujours dirigée en droite ligne de son rayon visuel.

Au fur et à mesure que l'enfant croit, on diminue progressivement la durée de son sommeil diurne.

La propreté est un des premiers éléments d'une

intelligente hygiène. Habituellement on change l'enfant une fois par jour. Cela est insuffisant. J'ai entendu dire aux cours pratiques de la Maternité de Paris, par le professeur Désormeaux, qu'il est nécessaire de renouveler les langes de l'enfant aussi souvent qu'ils sont souillés. Si ce précepte était suivi, l'érythème aux fesses et l'intertrigo ne seraient pas si fréquents. Il est utile de saupoudrer les parties génitales de l'enfant avec de la poudre de lycopode, de riz ou de violette, afin d'éviter les excoriations.

Un bain d'eau simple ou d'eau de son à la température de 27 ou 30 degrés est un excellent moyen de maintenir en bon état toute la surface cutanée.

La tête doit être tenue fort propre ; quelques onctions d'huile d'amandes douces, ou simplement de bonne huile d'olives, préviendront l'impétigo et l'eczéma.

Exercice. — Les muscles, pour acquérir de la force, ont besoin d'un exercice fréquent et libre. Aussi, je ne saurais trop conseiller aux mères de placer leur nourrisson, à peine vêtus, sur un grand tapis et de le laisser s'ébattre à sa guise. Notre douce température facilite cet exercice, et nous devons nous souvenir que les bains d'air sont très-favorables.

Alimentation. — Le premier mode d'activité de la vie est la nutrition s'opérant à l'aide de plusieurs grandes fonctions dont la principale est l'alimentation. — Dans les premiers temps de la vie extra-utérine, cette dernière joue le premier rôle, car, proportion gardée, l'enfant absorbe une plus grande quantité d'aliments que l'adulte. Cette alimentation si importante à diriger trouve ses principes écrits dans la physiologie comparée.

Que voyons-nous chez les animaux en général, et chez les mammifères en particulier?

Chaque femelle allaite son produit.

Ce serait ici le cas de rapporter les admirables pages de l'auteur de l'*Emile*. En effet, n'est-ce pas rationnel que les premiers éléments vitaux soient donnés par celle qui a déjà fourni et alimenté le principe vital? — Qui donnera à ce petit être aux besoins si multiples, à la délicatesse si impressionnable, cette attention constante, ce dévoûment de chaque seconde? Qui saura comprendre dans ses cris et ses gestes ses désirs et ses douleurs? M. Bouchut assure que la physionomie de l'enfant est un livre où les plus intimes sensations doivent se lire. Qui aura le don de les découvrir? Qui s'identifiera à cette frêle organisation pour en percevoir chaque choc? Qui traduira les nombreuses modulations de cet instrument? La mère seule, la mère, qui naguère ne faisait qu'un avec lui, ne se trompera pas. A elle d'accepter avec joie le rôle que lui impose la nature, puisque seule elle peut parfaitement le remplir. Ce précepte devient encore plus impérieux en Algérie, où nous avons vu que les nourrices mercenaires étaient toutes dans des conditions déplorables.

Mais l'alimentation maternelle, en admettant qu'elle se fasse dans les règles voulues, a besoin de quelque direction. — Il faut à l'enfant, à cette époque de la vie qui succède à l'existence fœtale, des moyens faciles de nutrition. Les mamelles lui seront présentées souvent; il règlera lui-même la quantité de lait qu'il doit absorber. Peu à peu il sera bon de l'habituer à une certaine régularité, mais ce ne sera que graduellement. Il est indispensable de bien édifier les mères sur ce point important, de leur répéter à satiété que la nature, toujours conséquente à elle-même, n'a point voulu que l'enfant puisse digérer ce qui n'est point utile à son développement et que ses organes ne supportent pas. — L'époque du sevrage a été encore déterminée par la nature; elle l'a fixée à l'évolution dentaire, et comme cette évolution ne se fait que graduellement, le sevrage doit suivre la même marche. Ici je ne puis mieux faire que de renvoyer le lecteur au travail du docteur Orange, publié dans la *Gazette médicale de l'Algérie*, n° 9, p. 125, année 1856.

Voilà ce que j'avais à dire sur la question qui a si justement préoccupé le corps médical d'Alger.

Comme on le voit, je suis passée rapidement sur ce qui concerne l'enfant individuellement; j'ai préféré soumettre à des praticiens plus instruits que moi ma pensée sur les causes du fléau que sur le fléau lui-même ; persuadée d'avance qu'en admettant que je sois assez heureuse pour que mes appréciations soient trouvées justes, ils sauront combattre ces causes mieux que moi.

Pourtant, avant de terminer, j'oserai leur faire part de mes observations, qui peut-être au point de vue de la thérapeutique offrent quelque intérêt.

1° Mme P... (rue d'Isly), d'une forte constitution et d'une santé parfaite, accoucha, le 7 mai, de deux jumeaux à terme. Le premier, d'un volume ordinaire, fut nourri par elle. Le second, plus chétif, fut confié à une nourrice. Son état de faiblesse congéniale ne fit que s'aggraver ; vainement on lui donne une autre nourrice, c'est alors que je fus appelée. Quoique la nourrice me parût avoir une excellente santé, je lui prescrivis le vin de quinquina ; à l'enfant, des bains journaliers à l'écorce de chêne lui furent ordonnés. Quelques semaines après il n'était plus reconnaissable, et un mois de traitement a suffi pour le guérir radicalement.

2° Mme S... (route de Mustapha), après son accouchement, eut plusieurs abcès aux seins, ce qui l'obligea de mettre son enfant en nourrice. Une mauresque s'en chargea. Cet enfant était vigoureux et parfaitement sain; peu à peu il perdit ses couleurs, son embonpoint diminua, il tomba dans un état de faiblesse très-grave, caractérisé par la flaccidité des téguments, la maigreur excessive de son corps, la respiration courte et difficile, l'appétit presque nul, les mouvements lents et rares, les regards paresseux et ternes, les vagissements faibles et continus, une diarrhée persistante : tous les symptômes en un mot d'une fin prochaine.

Je m'empressai de combattre la diarrhée par les moyens appropriés, et quoique les mamelles de la mère fonctionnassent encore assez mal, je lui conseillai de reprendre son enfant. Le vin de quinquina et les bains de tan furent prescrits.

Une amélioration progressive n'a pas tardé à se manifester ; elle s'est continuée jusqu'à l'entier rétablissement de la santé.

L'écorce de chêne est un tonique employé depuis quelques années dans les hôpitaux de Paris, et dont on obtient journellement d'excellents résultats.

Le Dr Cazin en fait un grand éloge. « Les bains de tan, » dit-il, « sont très-utiles dans les engorgements glanduleux, les dartres, les ulcères, les scrofules, etc., etc. ; enfin dans tous les cas où le tissu cellulaire est dans un état de flaccidité et de relâchement. » (P. 290 du *Traité pratique et raisonné des plantes médicinales indigènes*, 2e édition, 1858.) Hufeland est du même avis; il recommande les bains de tan dans les maladies reconnaissant pour cause la dissolution du sang et la faiblesse du système vasculaire. (*Manuel de médecine pratique*, 2ᵉ édition, p. 359.)